Theresia Stephens
CORONA & dann ???

„Der unermüdliche Weg
zu einem
neuem Bewusstsein"

Praxis Flower of Life-Herzenssache

FSC
www.fsc.org
MIX
Papier aus ver-
antwortungsvollen
Quellen
Paper from
responsible sources
FSC® C105338

Schweizer Erstausgabe
Veröffentlicht im Mai 2021
Copyright © Theresia Stephens
Praxis Flower of Life-Herzenssache

Herstellung und Verlag:
BoD – Books on Demand, Norderstedt

Umschlaggestaltung, Illustration: Priska Sancini
Lektorat: Textengel.ch

Autor : TheresiaStephens

ISBN: 978 3754 300 63 3

Praxis Flower of Life - Herzenssache

Theresia Stephens
Hafencenter , Hafenstrasse 50 / Eingang D
8280 Kreuzlingen
0041 79 604 61 51

Liebe*r Leser*in

Herzlichen Dank an all die lieben Begleitpersonen, Engel auf zwei Beinen, die mir stets zur Seite stehen, mich in allen Lebenslagen unterstützen und vor allem an mich glauben und mich so lieben, wie ich bin.

Ein spezielles Dankeschön geht an meine liebevolle Tochter Seraphine, die mich bedingungslos liebt. Danke!

Ein spirituelles Dankeschön geht an meinen Sohn Sebastian, er war der Lehrmeister meines Lebens. Danke!

Ein schwesterliches Dankeschön geht an Prisca. In all den Jahren war sie ein Fels in der Brandung für mich. Ich weiss, es war nicht immer leicht für sie mit mir.

Ein liebevolles Dankeschön an meine Mutter, sie hat stets ihr Bestes gegeben.

Ein herzerfülltes Dankeschön geht an das Universum zu meinem verstorbenen Vater und meinem Bruder, die mich stets begleiten in der geistigen Welt.

Ein freundschaftliches Dankeschön an meine Herzensfreundin und Praxiskollegin Armira, unsere Seelen sind sehr verbunden.

Ein herzliches Dankeschön an Martin , dass ich im „Paradiesli" zur Ruhe kommen und mein Buch schreiben konnte.

Ein künstlerisches und farbenfrohes Dankeschön an Priska Sancini die mir meine Bilder gemalt hat.

Zu guter Letzt ein grosses Herzensdankeschön an meine Dualseele Lothar, der mir ermöglicht hat , dass ich auch Bücher schreiben kann. Ich habe Dich bedingungslos geliebt mein König. «Deine Königin-Pippilotta»

Corona hat uns ALLE verändert. Corona hat uns nachdenken lassen und unser Bewusstsein erhöht.

Wir sind gefordert, uns treu zu bleiben und unseren eigenen Weg zu gehen, den wir seit Geburt in uns tragen. Meine Gedanken, meine Anregungen sind in diesem Buch zu lesen und ich wünsche mir, dass sie dich stärken und die vollkommene Liebe die Kraft schenken mag, dieses neue Zeitalter zu meistern.

Alles Liebe

Eure Theresa

Inhalt

Liebe*r Leser*in 5

Vorwort 8

Meine Wahrnehmungen..................................10

Meine Corona Erkrankung..................................14

Heilmittel 17

Impfen 20

Spaziergang-Bekanntschaften 22

Coronavirus 24

Inzidenzzahlen..................................28

Lockdown 31

Spaziergang-Mitmenschen 34

Traumata..37

Masken..39

Energie 42

Solidarität..43

Regierung..46

Bewusstsein 48

Massnahmen 49

Herzensweisheit 53

Vorwort

Vorab ein kurzer Beschrieb über mich, denn nicht jeder kennt mein Wesen oder meine Praxisarbeit. In meiner Praxis kümmere ich mich um die Bedürfnisse der Menschen, die mir am Herzen liegen – darum der Name „Praxis Flower of Life – Herzenssache".

Seit ich ein kleines Kind war, empfinde ich „anders" als der Durchschnitt. Der Alltag war stets eine Herausforderung für mich. Ich fragte mich in all den Jahren, ob meine Wahrnehmungen „richtig" sind. JA, das sind sie! Hochsensibilität und hohe Empathiefähigkeit sind Geschenke, die man in die Wiege gelegt bekommt. Die Frage ist nur, wie setze ich sie um? Werden sie in der Gesellschaft anerkannt oder respektiert? Wie kann ich mich damit in unserer Gesellschaft bewegen? Es ist eine Gratwanderung, eine Achterbahn der Gefühle und eine Anerkennung meiner selbst. Der Mensch an sich liegt mir seit meiner Geburt am Herzen – darum Herzenssache. Jeder Mensch ist ein Individuum und seine Integrität sollte in jeder Hinsicht bewahrt und geehrt werden.

Unsere Gesellschaft ist eine tägliche Herausforderung für jeden einzelnen, behaupte ich. Ständig sind wir mit unendlich vielen Reizen konfrontiert und stets hat der Mensch das Gefühl, er sollte, müsste sich auf irgendeine Art beweisen. Wozu eigentlich? Wer verlangt das? Wo bleibt die Akzeptanz unseres Wesens, unserer eigenen angeborenen Fähigkeiten? Würden wir Menschen in unseren Fähigkeiten aufgehen und es täglich ausleben, würden uns viel Stress erspart sowie physische und psychische Erkrankungen bleiben. Zurück zur Natur, zurück zu unserem Wesen, ein jeder mit seinen Begabungen, jeder ein

Individuum – und die Welt würde sich im Frieden ergänzen und lieben lernen.

Hochsensibilität bedeutet auch, dass das Hirn schneller läuft. Man nimmt alles ungefiltert auf. Bei mir läuft es zehnmal schneller, das bedeutet, ich bin jeweils zehn Schritte im Denken voraus. Das ist in vielen Situationen durchaus eine positive Eigenschaft, doch wenn der Staat eine Pandemie ausruft, wird dies zur grossen Herausforderung.

Wenn du das Glück hast, anders zu sein als alle anderen …, dann … ändere es nicht! Du hast ein erhöhtes Bewusstsein.

Viel Spass beim Lesen meiner und vielleicht auch deiner Wahrnehmungen.

Eure Theresia

Meine Wahrnehmungen

Stelle dir mal vor, du sitzt als hochsensibler Mensch, vielleicht auch als „Normalsterblicher", gemütlich auf dem Sofa, schaust Nachrichten und nimmst das Gesagte wahr, das, was seit Wochen erzählt wird, und spürst, dass etwas nicht stimmt. Dukannst es jedoch nicht einordnen, weil es ja die Regierung erzählt, und die erzählt uns ja nur die Wahrheit!

Beim nächsten Mal, als du Fernsehen schaust, wird erzählt, dass der erste Lockdown stattfinden wird zum Wohle der Menschheit.

Bäng! Ein Schlag ins Gesicht für die einen, für die anderen eine Erlösung, weil ihre Ängste, die zuvor schon bewusst geschürt wurden, endlich der Regierung abgegeben werden konnten.

Eine hochsensible Person nimmt jede Mimik und Gestik auf einer anderen Ebene wahr als eine nicht hochsensible. Als ich das „Urteil" – ja Urteil, warum ich dieses Wort benutze, darauf komme ich noch zurück – im Fernsehen sah, reagierte jede Zelle in mir – nein, sie tobten in mir! Was zur Hölle geht hier ab? Was wurde gerade entschieden? Was wird mit uns gemacht? Wer zur Hölle sind diese Menschen in der Regierung , dass sie solch eine Entscheidung treffen dürfen: uns ALLE einsperren? Fragen über Fragen und mein Körper lief auf Hochtouren. Du kannst es dir so vorstellen: Eine Sirene ist auf deinem Kopf, sie leuchtet rot und dreht sich ganz schnell. So ging es mir. Ich konnte nicht mehr schlafen und die Unruhe in mir war sehr stark ausgeprägt. Ich fühlte mich wie in einem Schraubstock und bekam Atembeschwerden.

«*Glaubt nicht alles was Ihr hört ,*

denkt selber darüber nach»

«*Vertraue auf dein Bauchgefühl.*»

11

Ich wusste, dass ich mich auf meinen Instinkt verlassen kann, und fing an, in mich hineinzuhören und nachzuforschen. Schnell wurde mir klar, dass die „Pandemie" keine Pandemie war, sondern eine Einführung, aber in was? Wieder Fragen über Fragen und mein Instinkt, auch Bauchgefühl genannt, hörte nicht auf, weiter zu forschen. Was ich fand, erfreute mich in keiner Weise, denn es waren Bestätigungen aus meiner Kindheit, als mein Vater Gespräche führte. Mein Vater war sehr belesen und hatte somit ein weiter Horizont, ich würde behaupten, er dachte weit über den Horizont hinaus. Er verknüpfte Informationen und Geschehen in der Welt miteinander und konnte vieles deuten sowie voraussehen. Ich bekam sofort Gänsehaut und begann zu frieren. Ich wusste, ich war auf dem richtigen Weg, doch ich wollte es verdrängen. Das Einzige, was ich tat, war, mich dagegenzustemmen und mir treu bleiben zu wollen, mochte kommen, was wollte.

Auf der Suche nach Antworten im Netz taten sich tiefe Abgründe vor mir auf. Ich erfuhr von teilweise heftigen Geschichten von ritueller Gewalt, die in gewissem Masse auch im Thurgau stattfinden. Dann kamen die Spaltungen ins Spiel, die Q-Bewegung, die Aluhutträger, die Verschwörungstheoretiker, die Fake-Pandemie-Erklärer und die Querdenker. Dann die ganzen Videos, jeder spielte den selbsternannten Alleswisser und kämpfte um sein Überleben. Dies führte zu Spaltungen und Konfrontationen. Meinerseits versuchte ich verzweifelt, die Menschen aufzuwecken, sie dazu anzuregen, selbst zu denken. Denn kein Mensch hat das Recht, einem anderen seine Meinung aufzuzwingen, sondern lediglich zu versuchen, ihn für etwas zu gewinnen. Ich bin standhaft und mir selbst treu geblieben bis zum heutigen Tag. Es kostete Energie, doch dies war und ist es mir wert – bis heute. Das Mutigste das man in der heutigen Zeit tun kann, ist

12

eigenständiges Denken. Eigenständiges Denken bedeutet bei sich bleiben, sich keine Angst machen lassen. „Wenn man einem Menschen verbietet, das Leben zu leben, das er für richtig hält, hat er keine andere Wahl, als ein „Rebell zu werden" sagte schon Nelson Mandela.

Von März bis Ende Dezember 2020 liess ich mich auf dieses Spiel ein und fuhr auf Achterbahnen von Gefühlen. Täglich fühlte und sah ich, wie sich die Menschen voneinander abspalteten. Ich selbst erlebte dies in meinem Freundeskreis, spannenderweise jeweils bei denjenigen, die den Worten der Regierung Glauben schenkten oder – man kann es auch so sagen: die in der eigenen Urangst lebten, in ihren eigenen Verstrickungen, Thematiken und Angst vor dem Sterben hatten.

Ich zitiere: „Ich fühle mich geführt von der Regierung, ich fühle mich beschützt. Ich vertraue der Regierung." Dies ist eine Aussage, die Gewicht hat, und eine gute Argumentation für einen Menschen ist, der wohl nicht in der eigenen Verantwortung leben möchte. Dies gilt es zu respektieren, was ich auch tat, denn wie ich später noch weiter ausführen werde, hat jede Aussage, jede Handlung eines Menschen eine eigene Geschichte.

Seit meiner Geburt ist der Mensch für mich ein sehr spannendes Wesen und ich habe, seit ich ein Kind war, das Bedürfnis, ihn zu verstehen und nicht zu werten. Warum reagiert der Mensch jetzt so? Was hat ihn dazu bewegt? Welche Geschichte/n stehen hinter dem Handeln? Wenn man dies täglich im Hinterkopf trägt in der Begegnung mit anderen, dann erspart man sich selbst viel Ärger. Denn die Lebensenergie, die wir in uns tragen, sollten wir für positive Einsätze gebrauchen.

Meine Corona Erkrankung

Da ich selbst zweimal im Abstand von neun Monaten Erfahrungen mit Corona machen durfte und in einem Altenheim ebenfalls, kann ich sehr wohl über den Virus und die Massnahmen in meiner Wahrnehmung sprechen. Meine Verläufe waren beide Male mittelschwer und Corona zerrte an meinem vegetativen Nervensystem sowie an der Konzentration und der Energie des Chi oder Qi. Chi ist das Yin und Yang des Körpers gemäss TCM. Es fühlt sich an, als würde man den Stecker ziehen und der Lebensakku innerhalb von Sekunden leer sein. Ich lag im Bett und konnte mich nicht mehr bewegen.

Beim ersten Mal hatte ich plötzlich ein Kratzen im Hals und fing an zu husten bei der Arbeit. Ich war verwundert, da ich noch nie eine Erkältung hatte. Am nächsten Tag lag ich im Bett und konnte mich nicht mehr bewegen. Massive Kopfschmerzen, vollkommenes schwäche Gefühl, Druck auf dem Thorax, Kreislaufstörungen, Schweissausbrüche, Appetitlosigkeit. Meine Mutter wollte die Ambulanz rufen, da sie mich noch nie, im ganzen Leben so erlebt hat. Beim zweiten Mal waren die 1. Anzeichen, dass der Kaffee nicht mehr schmeckte (wie bei einer Schwangerschaft) und ich den Geruchssinn verlor. Die Grundsymptome waren gleich wie beim 1. Mal der Erkrankung. Es kam noch schwere Übelkeit hinzu 24h, dies war neu im zweiten Verlauf. Folglich kam es zu einer schweren Dehydrierung, schwerem Blutdruckabfall, Kopfschmerzen – es war, als läge ein Betonklotz über meinem Kopf –, dunkle Gedanken und Kraftlosigkeit. Dank intensiver Einnahme von hochdosierter Homöopathie konnte ich mich stets stabilisieren. Ich bedanke mich hiermit recht herzlich bei

14

meinem Heilpraktiker für die bedingungslose intensive Betreuung.

Als ich mich endlich dazu durchrang, ins Spital zu gehen, erlebte ich ein spannendes Szenario. Die Rettungssanitäter vom Notfallwagen 144 durften mich nicht holen und sie verwiesen mich an das Spital, weil sie dies als Order hatten in einem Corona-Fall. Das Spital Münsterlingen wollte mich nicht nehmen da ich noch atmen konnte, obwohl ich schwer dehydriert war und am Telefon mit kläglicher, schwacher Stimme um Hilfe bat. Den genauen Wortlaut schreibe ich hier lieber nicht auf, weil ich sonst noch verklagt werde – Halbgötter in Weiss. Doch glaube mir, ich dachte, ich sei in einem anderen Film bei den Aussagen der Ärztin. Ich legte in meiner Ohnmacht einfach den Hörer auf, da ich mir ihren Unsinn nicht mehr länger anhören konnte. Es war mir sowieso schon speiübel.

Nun wusste ich, es gab nur Folgendes: „Hilf Dir selbst!" (Um noch dies in den Raum zu stellen: Ja, ich hätte einen Arzt aufbieten können, der mir zu Hause eine Infusion hätte legen können, doch dies ist mir in meinem Delirium nicht in den Sinn gekommen.) In diesem Moment aktivierte ich meine Selbstkräfte und es ging mir täglich besser. Ich brauchte insgesamt einen Monat zur Genesung.

Soviel zu der Hilfe von der Regierung während einer Pandemie mit einem ganz üblen Killervirus, vor dem die ganze Welt gerettet werden muss.

Ich denke, das Corona-Virus ist nicht natürlich entstanden, denn die Symptome verändern sich viertelstündlich innerhalb von 24 Stunden bei einem mittelschweren oder schweren Verlauf. Die Natur ist ein Kreislauf und würde sich früher oder später einordnen. Speziell zu erwähnen ist, dass der Virus auch auf das vegetative Nervensystem einwirken kann. Ich brauchte zwei Monate lang TCM-Therapie, damit ich wieder auf die Beine kam. Warum? Naja, ich sagte mir: „Was habe ich gelehrt? Gleiches mit Gleichem behandeln gemäss Paracelsus." Ich bedanke mich hiermit recht herzlich bei meiner TCM Therapeutin in Kreuzlingen.

Die Entscheidung war leicht: Von den Chinesen haben wir den Virus, also sollen die mich auch wieder auf die Beine bringen. Und es hat geklappt!

Nebenbei in den Raum gestellt; die WHO hat inzwischen dementiert, dass das Virus aus dem Labor kommt. Verständlich – die Chinesen möchten nicht an den Pranger gestellt werden. Schliesslich wollen sie schon seit Jahren die Weltwirtschaft regieren.

Heilmittel

Mir geht es inzwischen wieder gut. Es gab ein Folgeproblem, nämlich starken Haarausfall, aber inzwischen hat sich auch das beruhigt. Gott sei Dank habe ich viele Haare auf dem Kopf. Ich hatte auch unter dem Fatigue-Syndrom des Erschöpfungszustands zu leiden, dies entsteht im vegetativen Nervensystem. Wenn ich Berichte im Fernsehen sehe, wie schlimm die Folgeschäden einer Corona-Infektion sind, speziell das Fatigue-Syndrom, dann frage ich mich, wie Mediziner so blind sein können und die Heilungschancen nicht erkennen. Eigentlich wäre es ihre Aufgabe. Es gibt für alles ein Heilmittel in der Natur. Eine Empfehlung: Seit ich zum zweiten Mal Corona hatte, trinke ich täglich 5-9 dl Jiaogulan-Tee. Das ist ein gehaltvoller, kräftiger Kräutertee aus den Bergregionen Chinas mit einem süssherben Geschmack. Er bringt die Körperenergien ins Gleichgewicht und verbessert das allgemeine Wohlbefinden. Jiaogulan werden antioxidative, adaptogene und stimulierende Eigenschaften zugeschrieben und ist in China als Jungbrunnen-Elixier „Xiancao – Pflanze der Unsterblichkeit" bekannt. (https://www.kraeuterbuch.de/kraeuter/Jiaogulan.html).

Zusätzlich unterstützt eine TCM-Therapie, bestehend aus Akkupunktur, Schröpfen und Tuina-Massage sowie Entspannungsmassagen zur Selbstheilung, wie ich sie anbiete.

Ein Apotheker in Kempten stellte ein Hausmittel für Lungenkrankheiten selbst her, weil das Therapeutikum nicht geliefert werden darf. (Richtlinien Medikamentengesetz oder in anderen Worten übersetzt; alles was heilen könnte wird verwehrt) Die Kräuter bezieht er aus China, das Mittel nennt sich Shufeng Jiedu. Die Symptome während einer Corona-

Infektion können damit massiv minimiert werden. China benutzt es für virale Infekte wie zum Beispiel Corona. Dort mussten Lungenmaschinen nicht in gleichem Masse eingesetzt werden wie zum Beispiel in Europa, weil das Mittel in den dortigen Spitälern flächendeckend eingesetzt wurde. Wir haben hierzulande keinen vernünftigen Therapieansatz, also warum nicht von denjenigen lernen, die etwas können, was wir noch nicht beherrschen. Wichtig ist, es nicht prophylaktisch einzunehmen, sondern als Therapeutikum. (https://www.bahnhof-apotheke.de/shufeng-jiedu.html)

«Heilkräuter – Heilmittel»

19

Impfen

Ich war früher nie krank. Ich kenne keine Grippesymptome und habe mich nie gegen Grippe impfen lassen. Dies könnte erklären, warum es mich so heftig erwischte. Mein Körper war total überfordert und überreagierte komplett. Dasselbe kann auch mit Menschen passieren, die sich den Impfstoff, der angeboten wird, spritzen lassen. Ob die Impfung gut ist, kann ich als Nichtmedizinerin nicht beurteilen. Ich kann nur vom Hörensagen weitergeben oder zu folgende Fragen anregen, wenn jemand den Gedanken hegt, sich impfen zu lassen:

1. Verhindert die Impfung, dass ich angesteckt werde?
2. Verhindert die Impfung, dass ich andere anstecke?
3. Befreit mich die Impfung von der Maske?
4. Befreit mich die Impfung von den Abstandsregeln?
5. Befreit mich die Impfung von weiteren Tests?
6. Wurden die Impfstoffe vollumfänglich und genügend lang getestet?
7. Sind die Impfstoffe regulär zugelassen?
8. Können die Impfhersteller haftbar gemacht werden?
9. Gibt es schwere Nebenwirkungen und Todesfälle im Zusammenhang mit der Impfung?
10. Sind Dauerimpfungen bereits im Gespräch?

Wenn Sie diese Fragen von 1- 10 achtmal mit Nein und zweimal mit Ja beantworten können der Reihe nach, ist ihnen schon geholfen für einen Denkanstoss. Ein jeder Mensch sollte auf sein Bauchgefühl hören in Bezug darauf, wie er mit dem Virus umgehen soll, dies können wir Menschen ganz gut in Eigenverantwortung.

«Lässt Du Dich gegen Corona impfen?»

«Bist Du verrückt? Die Versuche an Menschen laufen
doch noch!»

21

Spaziergang-Bekanntschaften

Eine erlebte Kurzgeschichte dazu: Es ist schönes Wetter in Konstanz. Ich mache einen Spaziergang zum Schänzle, setze mich dort auf eine Bank und erlebe spannende Begegnungen mit anderen Menschen. Zu dritt sprechen wir über Gott und die Welt, geniessen die Abendsonne unbekümmert und frei und einer zieht eine Flasche Schnaps hervor. „Schnaps desinfiziert und wirkt antibakteriell", sage ich. Was haben wir gelacht! Im Gespräch kamen auch die Corona-Massnahmen zur Sprache, speziell die Impfungen. Was ich heraushörte – und nicht zum ersten Mal – war, man müsse sich ja impfen lassen, weil man sonst nichts mehr tun dürfe! Man dürfe nirgends mehr hingehen oder reisen! „Wie kommt ihr denn darauf?", fragte ich in die Runde. Das könne man doch überall lesen und im Fernsehen verfolgen. Meine Antwort darauf war: „Das ist alles nur Theorie und wird uns angedroht, damit wir uns alle impfen lassen. Solange dies nicht bewiesen ist, müssen wir uns nicht impfen lassen. Auch wenn ein Teil der Länder jetzt damit anfängt, können die Impfmassnahmen zur Einreisebewilligung jederzeit wieder zurückgezogen werden, wenn der ganze Corona-Wahn vorbei ist. Lasst euch nicht einschüchtern und habt ein bisschen Geduld. Es wird sich alles ordnen, wenn die Menschen sich nicht unterordnen."

« Wenn die Macht der Liebe die Liebe zur Macht übertrifft, dann wird Friede in der Welt sein.»

«Nur die göttliche Liebe kann uns führen.»

Coronavirus

Gut zu wissen für dich * liebe*r Leser*in : Ich bin nicht ansteckend, denn ich lasse mich bis heute wöchentlich testen wegen meiner Praxisarbeit und auch aus Neugier.

Corona ist ähnlich wie eine Grippe. Wenn es vorbei ist, ist es vorbei – ausser das Virus mutiert, wie es auch das Grippevirus immer wieder tut. Auch Menschen aus meinem Freundeskreis machten bereits 2019 mit Corona Erfahrung, als noch kein Hahn danach krähte. Das Einzige, was uns damals auffiel, war, dass es ein sehr hartnäckiges Virus ist, das unter anderem die Lunge und Bronchien stark herausfordern kann. Bei jedem Menschen ist es unterschiedlich. In der Naturmedizin heisst es, dass ein Virus immer das schwächste Organ eines Menschen angreift. Durch Naturheilmittel verschiedener Art konnte die Symptomatik bei meinen Freunden erleichtert werden und der Verlauf wurde schwächer. Auch habe ich Freunde, die Corona ohne Symptome oder mit nur sehr schwachen erlebten. Verglichen mit einer Influenza-Infektion verläuft eine Corona-Infektion sehr ähnlich. Auch während der Grippezeit gibt es Hospitalisierungen mit Lungenentzündungen und solche, die daran sterben. Das war schon immer so.

Es gilt, seriös nachzuforschen, welche Menschen es mit einem schweren Verlauf trifft. Meiner Ansicht nach sind es diejenigen, die immer entweder komplett gesund waren, nie Grippe hatten und keine Medikamente einnehmen, Diabetiker, Herz- und Blutdruckpatienten wegen der Medikamente, Menschen mit Grippeimpfungen im Herbst sowie Menschen mit Lungen und Bronchienschwäche. Der Sauerstoffgehalt im Blut sinkt bei einem schweren Verlauf rapide, weil das Osmose-Prinzip im Körper gestört wird. Osmose ist die

Strömung von Lösungsmittel (im Organismus: Wasser) durch eine Membran, die für das Lösungsmittel (Wasser), nicht aber für gelöste (grössere) Moleküle durchgängig ist. Eine solche Membran nennt man semipermeabel (halbdurchlässig), gemeint sind in der Regel Zellmembranen. Wenn die Zellen zu wenig oder kein Wasser mehr bekommen, entsteht Sauerstoffmangel, und zwar rapide! Ob die Lungenbeatmungsmaschine wirklich eine effiziente und sinnvolle Lösung ist, lasse ich dahingestellt sein. Warum die Politiker einen solchen Aufwand betreiben, um uns zu ängstigen, und Lungenmaschinen einkaufen, könnte ich erklären, jedoch würde dies zu Angriffen aus der Lobby führen sowie zu Spaltungen in der Menschheit. Klar ist, dass der Genesungsaufbau nach einer Intensivbehandlung mit einer Lungenmaschine langwierig ist. Genau darum ist mir wichtig auszudrücken: Jeder Mensch sollte sich seine eigenen Gedanken machen, in sich hineinhören und über sein Leben nachdenken. Er sollte sich fragen, warum er Angst vor dem Tod hat und über seine Umwelt nachdenken. Wir brauchen jeden einzelnen in unserer Gesellschaft mit einem erhöhten Bewusstsein.

Warum erzähle ich dir das? Weil ich möchte, dass die Menschen anfangen, selbst zu denken, in die Eigenverantwortung kommen und ihre Ängste loslassen können. Wir sollten uns täglich daran erinnern, dass Politiker nur unsere Angestellten sind und nicht unsere Erzieher! Ich habe es überlebt – trotz eines mittelschweren Verlaufs. Ich würde nie wollen, dass meine Mitmenschen wegen mir die unmenschlichen Corona-Massnahmen einhalten müssen und die gesamte Wirtschaft lahmgelegt wird. Man bedenke, wie viel Prozent (in Zahlen) aller Menschen an diesem Virus erkranken. Dies steht in keiner Relation. In keiner Weise, meine* liebe*r Leser*in !

«Das Mutigste, das man in der heutigen Zeit tun kann,

ist eigenständiges denken. Und zwar lautstark.»

« selbsterklärend»

Inzidenzzahlen

Es gibt einen bekannten Metervergleich im Netz mit den Infektionszahlen und Prozenten, sehr verständlich. Ein Doppelmeter auch Zollstock genannt entspricht der Schweizerbevölkerung und zeigt die Bevölkerung 100'000 mal kleiner. 8,57 Millionen Einwohner sind 85,7 cm auf dem Zollstock, überträgt man die absoluten Infektionszahlen, die Zahlen der Verstorbenen oder der Genesenen, bekommt man eine klare Darstellung der Verhältnismässigkeiten. Jetzt mögen manche raunen, weil sie der Meinung sind, dies sei ein "pietätloses Verhalten". Doch ich frage mich, warum. Schon zu Schulzeiten wurden in der Mathematik auch Litermasse und Rechenklötze benutzt. Man kann es auch Montessori-Pädagogik nennen. Es ist einfach eine klare Form, die Zahlen zu verstehen, die uns seit nun mehr als einem Jahr um die Ohren gehauen werden. Diese Darstellung ist einfach fantastisch. Jedes Jahr sind die Spitäler voll mit Grippepatienten und Menschen mit Lungenentzündungen – alles nichts Neues.

Was beim Corona-Virus dem Gesundheitspersonal zu schaffen macht, ist seine „Unberechenbarkeit", die 24-stundenlangen Up-and-down-Symptome des Verlaufs. Ja, dies ist eine grosse Herausforderung und fast nicht zu bewältigen, schon gar nicht in Alten- und Pflegeheimen. Eine realistische Tatsache. Doch wenn man sein Bewusstsein einschaltet und sieht, was zur Zeit auf der Welt passiert, kommt man (oder sollte man) zu folgender Einsicht gelangen: Eine natürliche Auslese auch Selektion genannt findet statt. Ja, so ist es! Auch wenn viele nun wieder raunen, wir können nicht die ganze Welt retten – das müssen wir auch nicht. Auch dann nicht, wenn ein Grippevirus Namens Corona ausbricht. Nein, das müssen wir nicht!

Schweden hat es uns vorgelebt. Die gesunden und die mit dem starken Immunsystem überleben und die schwachen und alten dürfen gehen. Jeder Mensch stirbt, wenn er sterben muss. Wir alle haben einen Seelenplan, der schon vor der Geburt geschrieben wurde. Warum herrscht denn Überbevölkerung auf der Welt? Wegen der lebenserhaltenden Massnahmen der Schulmedizin. Noch länger, noch besser, noch verrückter – das ist unser Planetenmotto anstatt zurück zur Natur.

Meine Erfahrungen im Alten- und Pflegeheim waren sehr wertvoll und aufklärend für mich. Aus gesundheitlichen Gründen, wegen meiner 2. Corona-Infektion durch die Arbeit, war ich nur die ersten zwei Wochen anwesend und kann das restliche Geschehen nur anhand von Gesprächen mit Kollegen und Kolleginnen weitergeben. Corona kann ein Tsunami sein und man ist machtlos wie bei einer Naturgewalt. Während eines Tsunamis versucht man, so zu agieren, wie es möglich ist. Es ist eine Zeit der Ohnmacht und das Erlebnis triggert alle Punkte in einem menschlichen Wesen. Jeder geht anders damit um und verarbeitet es auch komplett anders. Als ich wieder zurück kam nach meiner Corona Erkrankung, war der Corona Tsunami vorbei, doch sehr eindrücklich war die Stimmung, die Energie im Raum. Die negative Energie war so stark präsent, dass sie wie kleine schwarze Wolken im Raum schwebten. Nach und nach konnte die Stimmung wieder angehoben werden und der Alltag kehrte zurück. Doch der fade Beigeschmack blieb in vielen Köpfen der Menschen, die Urangst wurde getriggert.

Kurze Zeit danach kam das „Impftheater" auf der ganzen Welt. Zum Impfen im Allgemeinen gehen die Meinungen seit vielen Jahren und in jeder Hinsicht auseinander und das sollte auch respektiert werden. Wie bereits erwähnt, sollte jeder Mensch in Eigenverantwortung leben. Wenn er sich impfen lassen möchte, auch wenn die Impfstoffe noch nicht wirklich geprüft sind und er sich als Versuchskaninchen hergeben möchte, ist es seine Entscheidung, solange er erwachsen ist und adäquat handeln kann. Wichtig ist, dass jeder Mensch selbst entscheiden darf, ob er geimpft werden möchte oder nicht.

Zwänge sind unmenschlich und nicht von göttlicher Natur.

Lockdown

Ich möchte gern zum Thema „Urteil" zurückkommen, als die Regierung das Urteil sprach, die Schweiz bleibe geschlossen, sprich der erste Lockdown als Massnahme verkündet wurde. Urteil – was bedeutet dieses Wort? Es gibt verschiedene Synonyme für das Wort „Urteil", zum Beispiel Recht sprechen, zu Ende gehen, werten, richten. Was schliessen wir daraus? Corona ist nicht nur ein Virus und eine politische Angelegenheit. Corona hat auch eine natürliche, spirituelle Seite. Es ist eine energetische Folgeerscheinung. Lass es mich erklären: Wie war der Zustand der Welt vor Corona? Noch schneller, noch höher, noch besser, noch mehr Gewinn, noch mehr Macht, noch „unmenschlicher", und zwar in jeder Hinsicht. Für all diese Bestrebungen mussten die Natur, die Tiere und der Mensch hinhalten, ganz viel hergeben und sich vieles gefallen lassen. In der Anthroposophie heisst es, es gäbe „die Schreie der Tiere". Das System, in dem wir leben, war nur noch auf Gewinn und Macht aus. Ein trauriges Spektakel für die Erde. Die Natur wurde missbraucht und verbaut, die Tiere wurden eingesperrt und gequält und die Menschen wurden zu Systemlinge sprich «Elitesoldaten» erzogen: schneller – höher – besser!

Sind wir wirklich für ein solches Leben auf die Erde gekommen? Nein, das glaube ich nicht! Wir sind göttliche Wesen, auch diejenigen, die keinen Glauben in sich tragen. Wir sind eine natürliche Energie, die auf die Welt gekommen ist, um zu lernen und im Mitgefühl zu leben sowie um Liebe und Freude zu schenken.

Wie kann man einen solchen Weltzustand aufrecht erhalten? Ganz einfach, indem wir angehalten werden durch einen

Lockdown von heute auf morgen – genau so! Der Mensch musste offenbar „mit Gewalt" zum Nachdenken gezwungen werden. Wenn nicht jetzt, wann dann?

Es gibt eine klare Weisheit: „Eine Veränderung im System braucht stets zwanzig Jahre; bis sie angenommen wird, braucht sie fünf Jahre." Also, dann mal los. Auf die nächsten fünf Jahre der Einsicht!!! Nicht höher, schneller, weiter, **sondern langsamer, bewusster und menschlicher.**

Ein Ausnahmezustand, egal in welcher Form, führt immer zu Veränderungen. Früher waren es Kriege oder Seuchen, die eine Gesellschaft veränderten. Der Unterschied zu heute ist, dass das Covid-19-Virus meiner Wahrnehmung nach kein natürliches ist und wir wie schon erwähnt „gezwungen" werden, in eine neue Richtung zu schauen, indem wir ein neues Bewusstsein erleben und anstreben. Wir wollen nicht so leben, wie der Staat es uns vorgibt! Da stellt sich die Frage: Wie wollen wir denn leben? Und genau damit fängt es an. Der Mensch beginnt zu hinterfragen und wünscht sich andere Werte. Neue „Vorgaben" sprich grundsätzlich neue Lebenseinstellungen sind leider noch unumgänglich in unserem System, um sich zu entfalten und sich frei zu bewegen auf der Erde.

«Du kannst Dir nicht immer aussuchen, was in Deinem Leben passiert. Du kannst jedoch immer Entscheiden wie Du damit umgehst.»

«Sei Du selbst, alle anderen gibt es schon.»

33

Spaziergang-Mitmenschen

Eine kurze Geschichte zum freien Bewegen in der Welt, in der Natur: Soeben bin ich frische Luft schnappen gegangen und habe einen Spaziergang gemacht. Dabei entdeckte ich Osterglocken auf der Wiese, auch Hundewiese genannt. Ich musste durch Brennnesseln gehen, um Osterglocken zu pflücken (ein „normaler" Mensch hätte sich das kaum angetan ☺). Währenddessen kam eine ältere Dame und beschimpfte mich, dass ich die Anstandsregeln nicht einhalte. Dahinter spazierte ein Paar – vielleicht gehörten sie zu der Dame – und die Frau fiel in den Schimpfkanon der ersten mit ein. Es sei eine Frechheit, was ich da mache! Ich solle fünf Euro hinlegen. Ich solle in den Supermarkt gehen. Das tue man nicht und so weiter. Ich wurde richtig verbal beschossen.

Zur Info: Am, Ostersonntag hat kein Geschäft geöffnet. Als ich ihnen erklärte, dass ich schon als kleines Mädchen gern Blumen auf der Wiese gepflückt hätte und ich mich daran erinnern würde, wurden sie noch wütender und ich sagte: „Wow , die Energie die Sie benutzen, um wütend zu sein, ist ja gewaltig", und schenkte ihnen ein Lächeln. Das brachte das Fass zum Überlaufen und sie äffte mich nach: „Die Energie ‚die Energie!" Dann faltete sie ihre Hände und meinte: „Sie können die Welt nicht so machen, wie Sie es gerne hätten. Sie sind nicht allein auf dieser Welt!" Erstaunt blickte ich sie an, lächelte, wünschte Ihr von Herzen schöne Ostern und alles Gute.

Dies ist ein gutes Beispiel, um zu verdeutlichen, in welcher Situation wir uns zurzeit befinden. Das ist unsere Gesellschaft. Frustrierte Menschen, die Gehorsam leisten, die ihre Mitmenschen korrigieren und sie mahnen wollen, wie sie zu leben haben, und vermutlich sogar, wenn sie mit Massen an Menschen mit dem Flugzeug in die Ferien fliegen, noch andere beschimpfen, wenn sie keine Masken tragen. Ein jeder soll doch vor seiner eigenen Haustüre wischen und sein Bewusstsein erhöhen, um eine gemeinsame friedvolle Welt anzustreben.

Übrigens dementiere ich die Aussage der Frau: Natürlich kann ich die Welt so machen, wie ich sie gerne hätte, wenn ich friedvolle Absichten habe, warum nicht? „Ich mache mir die Welt, wie sie mir gefällt", sang schon Pippi Langstrumpf!

«Ich mache mir die Welt wie sie mir gefällt»

36

Traumata

Es finden sich Gleichgesinnte zusammen, Gruppierungen
entstehen. Aber auch Spaltungen sind unumgänglich, auch in
eigenen Familien sowie in Freundeskreisen. Eine komplette
Erneuerung entsteht. Jeder Mensch wird in die tiefsten
Abgründe seiner vorhandenen Traumata hineinkapituliert,
getriggert und handelt danach impulsmässig.

Trauma, warum erwähne ich dieses Wort? Weil es die
Erklärung gibt für das Verhalten der Menschen in der jetzigen
Zeit und auch schon früher. Jede Handlung hat seine
Geschichte. Keine Aktion eines Menschen entsteht aus dem
Nichts heraus, keine einzige! Darum gilt ein ganz einfaches
Gesetz auf der Erde: Verstehe den Menschen, nachdem du
seine Geschichte kennst. Oder anders gesagt: Bevor du über
mich oder mein Leben urteilst, ziehe meine Schuhe an und
gehe meinen Weg.
Es gilt zu verstehen, dass jeder Mensch Traumata in sich trägt.
Dies sind nicht nur grosse Erlebnisse, wie die meisten denken,
sondern auch kleine aus der Kindheit, die verdrängt wurden
und nur zum Vorschein kommen, wenn man durch das
Handeln eines anderen Menschen getriggert wird, oder durch
Situation, Zustände, Gerüche und so weiter. Es braucht die
Arbeit mit dem „inneren Kind". Welche Glaubenssätze,
welche Affirmationen habe ich auf den Lebensweg
mitbekommen? Dann gibt es auch noch die traumatischen
Erlebnisse, die jeder Mensch durch Erlebnisse mit anderen in
sich trägt, sei es in der eigenen Familie oder durch Freunde.
All dies macht einen Mensch aus und prägt ihn in seinem
Verhalten im Alltag, speziell in Notsituationen. Hierzu eine

Buchempfehlung von Professor Franz Ruppert: „Wer bin ich in einer traumatisierten Gesellschaft". [1]

---

[1] Klett-Cotta 4. Auflage 2020 ISBN: 978-3-608-96270-3

Masken

Und vergessen wir nicht die Maskerade. Mit Staunen habe ich festgestellt, wie anstandslos die Menschen Masken tragen aus unterschiedlichen Gründen. Viele tragen zwei Masken: die eigene, die unsichtbare, die sie vermeintlich schützt, um in der Gesellschaft zu überleben, und die empfohlene Maske wegen der angeblichen Pandemie. Die Regierung verkauft uns die „falsche" Solidarität, damit wir die Masken tragen. Einige Ärzte verordnen uns die Masken unter dem Vorwand, sie hielten das Virus ab. Aber warum wirklich? Aus Überzeugung oder um sich selbst zu schützen?

Ist dir bewusst, was so eine Verdeckung des Gesichts bedeutet? Für die Kinder? Für Menschen mit Beeinträchtigungen? Für betagte Menschen? Keine Mimik ist mehr zu sehen, kein Lachen, kein Weinen, kein verärgertes, kein freundliches Gesicht, keine Bewegungen und kein Zucken mehr. Das Atmen wird erschwert, Hörapparate gehen verloren durch das ständige An- und Abziehen. Viren jeglicher Art im eigenen Atem gehen ständig wieder zurück in den eigenen Organismus. Wie können wir den Kindern diese Massnahmen noch länger zumuten? Ist dir bewusst, dass die Kinder ihre Lebendigkeit, ihre Bedürfnisse unterdrücken müssen?

Kinder brauchen grundsätzlich; Nähe, ein Lächeln, eine Hand, die sie leitet eine Umarmung, die Weisheiten und die Liebe der Grosseltern, Vitalstoffe, Vitamine, Spurenelemente und Mineralien auch aus der Luft und – ganz wichtig – „gute" Viren und Bakterien, um ihr Immunsystem zu trainieren.

Was glaubst du, warum du die Maske in Wirklichkeit trägst? Horche in dich hinein, ganz tief in dein Unterbewusstsein.

Welche Ängste lassen dich die Maske tragen? Wenn du zu einem Schluss gekommen bist, schau dir die Begründung mit deinem Herzen an. Horche tief in dein Herz hinein und frage deine Herzensweisheit. Wenn du eine Antwort hast, entscheide selbst, ob du an der Thematik gern etwas ändern oder weiterhin Gehorsam leisten willst für eine „falsche" Solidarität. Es gibt verschiedene Ärzte, die seriöse Zeugnisse schreiben für eine Maskenbefreiung. Es gibt stets eine seriöse gesundheitliche Erklärung für eine Maskenbefreiung. Es gibt auch Ärzte die dankbar wären, wenn mehr Menschen aufstehen würden, damit es auch ihnen besser geht in ihrem Beruf in der Corona-Zeit und auch für die Zukunft.

Noch viel lieber wäre mir, wenn die Ärzte endlich gemeinsam aufstehen würden zum Wohle der Menschheit! Ein Arzt hat einen Eid abgelegt, den Menschen zu helfen! Auch er muss sich selbst treu bleiben!

»Sei Du selbst die Veränderung in der Welt, die Du Dir wünschst.«

41

Energie

„Gemeinsam sind wir stark" – das ist meine
Lebensphilosophie und hoffentlich auch bald deine, liebe*r
Leser*in. Auch der Glaube, dass wir es schaffen, eine
friedvolle Welt zu haben, ist wichtig. Der Glaube ist so
mächtig, dass er sprichwörtlich Berge versetzen kann. Wichtig
ist, dass du, liebe*r Leser, liebe Leser * in, an dich und das
Universum glaubst. Dann werden auch deine Wünsche in
Erfüllung gehen. Handle so, als wären deine Wünsche bereits
Wirklichkeit, das ist Glaube! Die Engel, die göttliche Kraft
werden dich dabei unterstützen und dich bestärken, du musst
nur fest daran glauben. Dies ist ein interessantes Thema. Die
Menschheit ist vom Glauben abgekommen. Sie hat vergessen,
dass jeder Mensch göttlich ist, ein natürliches Wesen. Dazu
habe ich eine tolle Buchempfehlung: „Das Märchen vom Tod"
von Marie - Claire van der Bruggen.[2] Wirklich lesenswert.

---

[2] Michaelsverlag 2009 ISBN-13: 978-90-75362-87-9

Solidarität

Nun kommen wir zu meinem Lieblingswort: Solidarität. Dies ist ein Schlagwort des Zwanzigerjahrzehnts und wird am meisten missbraucht. Was bedeutet das Wort Solidarität eigentlich? Es kommt aus dem Lateinisch-Französischen und heisst „Zusammengehörigkeit", „Unbedingtes Zusammenhalten mit gleichen Anschauungen und Zielen". Genau so ist es!

Was ist mit uns, die nicht die gleichen Anschauungen und Ziele haben wie diejenigen, die für all diese Corona-Massnahmen sind? Was passiert mit uns? Wir werden gezwungen, Masken zu tragen und einer **Ideologie** zu folgen, die ein Teil der Menschheit gar nicht vertritt! Das heisst, dies ist eine Diktatur. Ja, ein sehr heisses Thema, darf eigentlich gar nicht ausgesprochen werden. Wehe dem, der es tut, auch in der Schweiz. Man könte auch sagen, dass wir in einer Oligokratie (Herrschaft weniger) leben. Dies ist die Staatsform, in welcher der Staatswille durch eine aus dem Staatsvolk herausgehobene Gruppe von wenigen Personen durchgesetzt wird. Ein empfehlenswertes wunderbares Büchlein zu dem Thema ist „ Wider den Gehorsam" von Arno Gruen.[3] Mehr möchte ich dazu nicht schreiben, da ich ja keinen Widerstand wecken, sondern nur zum Nachdenken anregen möchte.

Bei der Arbeit im Altenheim führte ich vor kurzem ein Gespräch mit einer interessanten Persönlichkeit einem Sozialpädagogen. Ich liebe interessante Gespräche, höre gern zu und denke dann über neue Inputs nach. Der Themaeinwurf von mir war: falsche Solidarität in Bezug auf Masken. Er fragte

---

[3] Klett-Cotta 12. Druckauflage 2019 ISBN: 978-3-608-94891-2

mich: „Wieviel Toleranz, Tragfähigkeit habe ich oder haben wir Menschen, um diese Solidarität einzuhalten, die der Staat uns abverlangt?" Eine sehr gute Frage. Ich habe darüber nachgedacht und bin zu dem Schluss gekommen, dass ich diesen Anspruch des Staates nicht erfüllen möchte meinen Mitmenschen gegenüber, um einen angeblichen Killer-Virus auszumerzen. Warum nicht? Weil dieser Anspruch in keiner Relation steht zu der Nützlichkeit der Masken. Wieder ein heisses Thema. Die Meinungen gehen stark auseinander und das führt zu massiven Spaltungen unter den Menschen.

Millionen Kinder sterben in den Entwicklungsländern durch unterbrochene Lieferketten wegen der Corona-Massnahmen. Suizide, häusliche Gewalt, zerstörte Existenzen, entmündigte, vereinsamte alte Menschen, traumatisierte Kinder. Und der Staat erzählt uns was von Solidarität durch Masken?!

Wie denkst du darüber? Hast du dir schon mal Gedanken darüber gemacht, wie ein Virus überlebt und sich verbreitet? Was bedeutet eine Tröpfcheninfektion? Wie die normalen medizinische Masken überhaupt schützen können? Wie wird eine Maske im Alltag gehandhabt und fachgerecht entsorgt? Da verdrehe ich die Augen! Im Auto am Rückspiegel hängen die Masken, verseucht mit dem bösen Killervirus. In die Hosentaschen werden sie gestopft, in die Taschen geworfen. In den Wohnungen liegen sie herum, werden auf die Strasse und in den Hausmüll geworfen. Die Maske eines Infizierten enthält das Virus. Masken sind Virenschleudern. Möchtest du noch mehr Anregungen zum Nachdenken? Von den Stoffmasken möchte ich gar nicht erst anfangen. Wenn eine Maske, richtig getragen, überhaupt etwas nützt, dann eine FFP2-Maske. Auch diese sollte allerdings nicht länger als 75 bis 120 Minuten getragen werden. Danach muss eine Pause von dreissig Minuten eingelegt werden wegen des Sauerstoffausgleichs und im Anschluss muss sie fachgerecht entsorgt werden. Alles andere ist schwer gesundheitsschädigend und eine Zumutung für jeden Menschen. Ich kann dir aus eigener beruflicher Erfahrungen im Altenheim sagen, wie eklig es ist, den ganzen Tag eine Maske zu tragen. Man atmet den ganzen Tag ein und aus unter einer Maske und dies soll nicht gesundheitsschädigend sein? Jeder kann sich dies ausmalen und ich denke, dass jeder fähig ist zu Eigenverantwortung und Selbstreflexion.

Regierung

Warum meint der Staat, uns beschützen zu müssen, obwohl wir ihn gar nicht dazu aufgefordert haben? Wenn ich anderen diese Frage stellte, antworteten sie meist, dass dies die Pflicht des Staates sei. Das kann ich nachvollziehen, doch warum hat der schwedische Staat diese Pflicht nicht wahrgenommen? Warum haben die Drittweltländer die Pflicht nicht wahrgenommen? Südafrika? Brasilien? Da geht die Party ab, ja! Es gibt viele Menschen aus der Schweiz, Deutschland etc., die ihr Onlinestudium oder Homeoffice in Südafrika machen. Das ist sehr angenehm bei dem schönen Wetter. Wurde nicht gesagt, dass der neue „böse Killervirus" aus Südafrika kommt? Oder war es Brasilien? Nein, lieber doch England. In Kapstadt sind die Restaurants, Bars und Discos offen, dort ist eine schöne freie Welt. Die Maskenpflicht ist theoretisch eingesetzt worden, aber die Jungen ziehen sie nicht an, nur die Betagten. Eine Busse gibt es, aber diese ist eher theoretisch und wird nicht umgesetzt. In Namibia zum Beispiel ist das so. Und wir im Westen lassen uns knechten von der Regierung.

Ich habe den Staat nicht darum gebeten, mich zu beschützen – in keinster Weise. Ich entscheide nach wie vor lieber selbst über mein Leben! Ich entbinde hiermit die Regierung von ihrer selbsternannten Pflicht, mich zu beschützen. Wie geht es dir damit?

Es liegt mir sehr am Herzen, dass wir nicht gezwungen werden, uns in Gruppierungen zu bewegen, die wir gar nicht suchen. Viel wichtiger finde ich, dass du im Alltag dein erhöhtes Bewusstsein auslebst und dich dementsprechend verhältst. Die Natur, die Tiere und der Mensch werden es dir danken.

« Akzeptanz-Toleranz»

« Alle Schäfchen können miteinander leben, es ist nur eine Frage des Bewusstseins.»

Bewusstsein

Ein erhöhtes Bewusstsein gehört zu einem soliden Selbstwertgefühl. Dies bedeutet, das Gefühl zu haben: Ich bin gut, so wie ich bin. Ich trage meine eigenen Werte, wie ich leben möchte, in mir. Du bist der Architekt und Baumeister deiner eigenen Entwicklung. Es gibt noch ein ähnliches Wort, und zwar Selbstbewusstsein. Dies bedeutet zu wissen, was du gut kannst.

Wir brauchen keine Abhängigkeit vom Staat, sondern können uns selbst versorgen, wenn es sein muss – das möchte ich an dieser Stelle in den Raum gestellt. Es ist eine Frage der Einstellung: Willst du Luxus? Mit Luxus ist gemeint alles zu bekommen zu jeder Zeit ob saisonal oder nicht, ob regional oder nicht. Ferien zu jeder Zeit mit Flieger oder ohne. Alltagsartikel die man nicht wirklich braucht. Fortbewegungsmöglichkeiten gehören auch dazu. Es ist auch von Bedeutung, in welcher Generation du aufgewachsen bist. Ich bin der Überzeugung, dass auch die heutige junge Generation ein höheres Bewusstsein erlangen kann. Es gibt immer mehr Jugendliche, die sich bewusst ernähren und auch zur Umwelt schauen. Ist es eine Frage des Intellekts? Ich denke, es ist eher von Bedeutung, in welchem Familienbackground und mit welchen Werten jemand aufgewachsen ist. Doch schlussendlich ist jeder Mensch ein Individuum und kann sich weiterentwickeln und entfalten.

Die Welt lässt sich nicht verbessern, wenn alle blind der Mehrheit folgen. Es braucht Menschen, die den Mut haben, scheinbar Unumstössliches infrage zu stellen, die sich trauen, Autoritäten anzuzweifeln und ihrem eigenen Instinkt folgen.

Massnahmen

Wie geht es dir mit den Corona-Massnahmen? Bist du wirklich einverstanden damit? Warum bist du gehorsam? Hat dich jemand gelehrt, nicht zu hinterfragen? Sind es deine Ängste? Urängste? Hast du Angst vor dem Tod? Davor, was nach dem Sterben kommt? Wie lange willst du noch in diesem unmenschlichen Zustand ausharren? Fehlen dir nicht die sozialen Kontakte? Die Berührungen? Umarmungen? Sich frei bewegen und frei sprechen können? Fehlt dir nicht das alltägliche, das sorglose Einkaufen in jedem Geschäft? In die Ferien zu fliegen? Nach Konstanz zu fahren und ein Eis zu essen? Gefällt dir die Maskerade und die Kennzeichnungen am Boden und an den Wänden? Die hypnotischen Ausrufe per Mikrofon in den Läden: „Haltet Abstand! Benutzt das Desinfektionsmittel! Zieht Masken an! …"? Hast du dich schon daran gewöhnt? Ich nicht. Mir wird speiübel dabei. Am schlimmsten finde ich die Mikrofonansagen in den Einkaufsläden und das ständige Wiederholen der Corona-Massnahmen, zum Teil sind die Anweisungen total unterschiedlich und abstrus. Ich komme mir jedes Mal vor, als ob ich in einem Science-Fiction-Film bin! Leider ist es die jetzige Realität – wie traurig.

«Sag noch einmal Coronavirus!!!»

Die Corona-Massnahmen bringen auch die Lernenden um wertvolle Berufserfahrung und die Pubertierenden um ihre Erfahrungen in der Aussenwelt und um zwischenmenschliche Beziehungen, die so wichtig gerade für diese Bevölkerungsgruppe sind. Betagte leiden unter Kontaktlosigkeit und mangelnder Nähe. Die Therapeuten sind komplett überfordert wegen dem Ansturm der Patienten die psychischen Folgeschäden der Corona-Massnahmen tragen. Die häufigsten Corona-Symptome sind nicht physischer, sondern psychischer Natur.

„Humanitäre" Kriege gibt es nicht, es gibt ja auch keine „liebevolle" Vergewaltigung, somit gibt es auch keine „solidarische" Virusbekämpfung. Kampf ist ein negativ besetztes Wort und lässt keine positive Handlung zu. Man sollte nie um etwas kämpfen. „Was man mit Gewalt gewinnt, kann man nur mit Gewalt behalten", sagte schon Mahatma Gandhi.

«Würde die Regierung das Wort „Namaste" kennen,
hätten wir eine friedvolle Welt.»

52

Herzensweisheit

Horche tief in dein Herz hinein und frage deine Herzensweisheit. Sprich mit deinem Herzen und verlasse dich auf deinen Instinkt. Schaue deine Umgebung mit offenen Augen an, höre ihr zu mit offenen Ohren und denke darüber nach. Ein natürliches Verhalten wie bei einer Grippezeit würde vollkommen reichen, um zu überleben. Der Kreislauf des Lebens sagt: Es geht nicht darum, dem Leben mehr Tage zu geben, sondern den Tagen mehr Leben! Mit dem Kreislauf des Lebens ist folgendes gemeint: Werden und Vergehen oder Widergeburt.

Der Weg übers Herz, über die Liebe führt immer zum Licht. Freiheit bedeutet, dass man nicht alles so tun muss wie andere Menschen. Sei immer authentisch und habe keine Angst davor, was andere von dir denken könnten. Manchmal muss man einen gewagten Schritt machen, um festzustellen, dass hinter der Furcht die Freiheit wohnt. Ein sehr empfehlenswertes Buch zu dem Thema ist „Herz über Kopf – Entdecke deinen wahren inneren Kompass" von Rüdiger Schache. [4]

---

[4] Verlag Goldmann ISBN 978-3-442-22239-1

«Die Liebe ist die kraftvollste Energie, die es auf der Erde gibt.»

54

„Unsere Seele weiss immer, was sie tun muss, um sich selbst zu heilen. Die Herausforderung ist, unseren Verstand zum Schweigen zu bringen."

Mit all diesen Gedanken und Voraussetzungen gewappnet, können wir gestärkt eine Notsituation erleben und uns selbst treu bleiben sowie unseren eigenen Weg gehen. Wir müssen uns nicht unterordnen. Wir müssen uns keiner falschen Solidarität hingeben. Nein, wir müssen dies nicht. Das Einzige, was wir tragen sollten bzw. müssen, ist die Konsequenz innerhalb der Gesellschaft, wenn man andere Wahrnehmungen hat als die Masse der Menschen. Jeder sollte dies mit sich ausmachen, was ihm wichtig ist. Wenn dies nicht möglich ist aus verschiedene Gründen wie Ängsten, Depressionen etc., sollte man sich professionelle Unterstützung holen, die dem Wohle der Menschheit dient, dies ist eine wichtige Voraussetzung.

Möchtest du meine politischen Ansichten lesen? Ich bin grundsätzlich gegen alles, was Menschen und Tiere tötet und unseren Planeten zerstört. Wenn die Macht der Liebe die Liebe zur Macht übertrifft, dann wird Friede auf der Welt sein. Vielleicht sollten wir es jetzt mit der Liebe versuchen, weil die Angst die letzten zehntausend Jahre wohl keinen Erfolg gebracht hat. Auch Mut ist ein Zauberwort, um die Pandemie zu beenden.

„Mut ist ein Bewusstseinszustand, in dem wir für uns selbst einstehen." Mut = Freiheit!

« Die Welt gehört denen, die sich trauen anders zu Denken»

« Es gibt für alles eine Lösung, es ist eine Frage des Bewusstseins.»

Eigenverantwortung, Freiheit bedeutet Verantwortlichkeit. Das ist der Grund, weshalb die meisten Menschen sich vor ihr fürchten. Wir sind geboren, um Erfahrungen zu sammeln in jeder Hinsicht. Unser Seelenplan bzw. Lebensplan ist bestimmt, auch wenn wir gehen dürfen bzw. müssen.
Danke an alle Herzensmenschen, ihr macht die Welt ein Stückchen besser!

Namaste

Theresia